एहसास

ग़ज़ल संग्रह

डॉ रिज़वान कश्फी

ISBN 978-93-5458-984-3
© Dr. Rizwan Kashfi 2021
Published in India 2021 by Pencil

A brand of

One Point Six Technologies Pvt. Ltd.
123, Building J2, Shram Seva Premises,
Wadala Truck Terminal, Wadala (E)
Mumbai 400037, Maharashtra, INDIA
E connect@thepencilapp.com
W www.thepencilapp.com

DISCLAIMER: *The opinions expressed in this book are those of the authors and do not purport to reflect the views of the Publisher.*

Author biography

डॉ.रिज़वान कश्फी:एक ताजा़दमफनकार

संजीदगी के साथ शायरी करने वाले ताजा़ दम शायरों की फेहरिस्त में एक अहम नाम डॉ रिज़वान कश्फी का है। पिछले चंद सालों से कश्फी रियासती और दीगर मुशायरों में नज़र आते रहे हैं। अपनी संजीदा फिक्र व मुन्फिरिद लब व लहजे की वजह से बाज़ोक़ सामायीन और मायारी रसायल के कारयीन की तवज्जो अपनी तरफ करवाने में कामयाब कहे जा सकते हैं। रिज़वान कश्फी की ग़ज़लें नेशनल और इंटरनेशनल मेगजींस में हमेशा छपती रहती है। कश्फी ने अंग्रेजी उर्दू और पॉलिटिकल साइंस में एम ए की डिग्री हासिल की है साथ ही सेट और नेट जैसे इम्तिहान में भी कामयाबी हासिल की है। उन्होंने अंग्रेजी में पी एचडी हासिल की है। कोहना मश्क़ शायर उस्दताद सईद उल्लाह उफुक़ बरारी और एड. गुलाम मुस्तफा साबीर की सोहबत का फ़ैज़ है के कश्फी की शायरी को संजीदगी आता कि। अपनी संजीदा शायरी व लब व लहजे कि वजह से वो मुशायरों में देरपा असर छोड़ जाते हैं। मुशायरा लूटने के

लिए वह सस्ते तौर तरीके से दूर नज़र आते हैं। वाह वाह बटोरने के लिए किसी शायर की नक़ल नही करते। कश्फी सिर्फ मुशायरों के शायर नहीं बल्कि उर्दू के मायारी रिसालों में और नेशनल व इंटरनेशनल वेबसाइट्स पर भी नज़र आते हैं। इससे पहले डॉ रिज़वान कश्फी का एक और ग़ज़ल संग्रह "जज़्बात" के नाम से शाए हो चुका है जो उर्दू जुबा़न में है।

"एहसास" डॉ.रिज़वन कश्फी का दूसरा ग़ज़ल संग्रह है जो हिंदी में है इसमें बहुत सी ग़ज़ले ऐसी हैं जो चौंका देती हैं और पढ़ते-पढ़ते पढ़ने वाला एक एक शेर पर सर धंता है। कुछ ग़ज़लें ऐसी है जो पढ़ने वाले को झिंझोड़ कर रख देती हैं। सही मायनों में यह कहना दुरुस्त होगा कि कश्फी शायरी को साहेरी बनाने का फन जानते हैं। डॉ रिज़वन कश्फी के कलाम में गम ए जाना के साथ गम ए दौरां का खूबसूरत संगम नज़र आता है। एहसास की गजलें पढ़ते हुए महसूस होता है कि यह शख़्स अदबी दुनिया में यवतमाल जिले की शनाख्त को मुस्तहकम करने में अहम रोल अदा करेगा।

याक़ूब उररेहमान, यवतमाल

CONTENTS

Acknowledgements

दो लफ़्ज़

इंसान के जज़्बात जब लफ्ज़ों में ढलकर मौज़ूनियत के साथ अदा होते हैं तो शेर बन जाते हैं। मेरा ताल्लुक़ मोज़ूनियत से रहा ही है। इसलिए के मैं शायर हूं और बेवज़न कलाम को शेर नहीं बल्कि नसर हो जाता है। ऐसा कलाम जो मौज़ु भी हो और जिसमें असर भी हो उसे मुकम्मल शेर कहते हैं। या बा मौज़ू और बा असर कलाम को शेर कहते हैं और यही कामिल शेर की तारीफ है। रहा असर का सवाल तो मैंने जग बीती को आप बीती बनाने की कोशिश की है इसलिए मैं यह बात कहने का हक़दार हूं के मेरे कलाम में वज़न के साथ असर भी ज़रूर आ गया होगा। अब आप तय करेंगे के मैं अपने इस दावे में किस हद तक कामयाब हुआ हूं। क्योंकि पढ़ने वाले ही किसी लिखने वाले की सही तौर पर तनक़ीद कर सकते हैं। "एहसास" मेरा दूसरा ग़ज़ल का संग्रह है। मुझे उम्मीद है कि आप लोग मेरे पहले ग़ज़ल संग्रह (जज़्बात) की तरह मेरे इस दूसरे ग़ज़ल संग्रह को भी क़दर की नज़र से देखेंगे और इसकी पज़ीराइ

करेंगे। "एहसास" की तैयारी में जिन जिन लोगों ने मेरी मदद की है मैं उनका दिल की गहराइयों से शुक्रगुजार हूं। खासतौर से उस्ताद ए मुहतरम उफुक़ बरारी साहब और जनाब याकूब उर रहमान साहब का मैं बेहद ममनून हूं। अपना यह शायरी मजमुआ अपने मां-बाप को मंसूब करता हूं।

खुदा हाफिज

आपका

डॉ रिज़वान कश्फी

गम छुपाते रहो मुस्कुराते रहो

ग़म छुपाते रहो मुस्कुराते रहो

मसलेहत का तका़जा निभाते रहो

अब तो जीने का अंदाज ही और है

दूरियां मिलते-जुलते बनाते रहो

तुम ना आते ना आओ मगर जान ए जां

हां मगर ख्वाब में आते जाते रहो

रिश्ते नाते भी है ज़रदार की मिल्कियत

रिश्ते मिल जाएंगे ज़र लुटाते रहो

खुद ब खुद यह बड़े होने का राज़ है

खुद को छोटा हमेशा बनाते रहो

तार छेड़ो मोहब्बत का कश्फी कोई

इश्क़ के साज पर गीत गाते रहो

उसने खत का जवाब लिखा है Section Ghazals

उसने खत का जवाब लिखा है

जिंदगी को अज़ाब लिखा है

भूल कर मैंने हर जफा तेरी

बस वफा का हिसाब लिखा है

तेरी फुरकत में रोने धोने को

मैंने सैलाब ए आब लिखा है

तेरे ग़म को इलाज ए ग़म लिखकर

दिल को खाना खराब लिखा है

उसने लहजा बदल दिया कशफी

जब भी मैंने जनाब लिखा है

काम की बात भूल जाऊं मैं

काम की बात भूल जाऊं मैं

ज़हन में यूं तुझे बिठाऊं मैं

अब नज़र में है आपकी सूरत

अब नज़र अपनी क्यों झुकाऊं मैं

चाहते वार दूं सभी तुम पर

ऐसे दिल में तुम्हें बसाऊं मैं

तुम मेरे साथ साथ रहते हो

तुमको यह किस तरह बताऊं मैं

सब नमक पाश हो गए कश्फी

ज़ख्म अपने किसे दिखाऊं मैं

अपने किरदार को न मैला कर

अपने किरदार को न मैला कर

काम चाहे बड़ा या छोटा कर

जिंदगी क्या है एक अमानत है

अपनी कहकर इसे ना रुसवा कर

एक उसका ही साथ सच्चा है

इसके उसके न पीछे दौड़ा कर

तेरे होने से है जहां क़ायम

अपनी हस्ती का पास रख्खा कर

रौनक़ें इस जहां की झूठीं हैं

देख कर इनको दिल न हल्का कर

बे सबब मुंह ना अपना खोला कर

बोलने की जगह ही बोला कर

क्या भरोसा किसी का दुनिया में

भेद दिल के न कशफी खोला कर

जिस तरफ देखिए सर बसर आदमी

जिस तरफ देखिए सर बसर आदमी

खो गया आदमी में मगर आदमी

रिज़्क़ देता है वह सबको मालूम है

है परेशान अग्रसर बसर आदमी

मैं तेरी जात में इस तरह खो गया

मुझको कहते हैं सब बेखबर आदमी

सारी दुनिया बनी आदमी के लिए

फिर भी फिरता रहे दरबदर आदमी

आदमी है बना आदमी के लिए

आदमी से ही खायफ मगर आदमी

22

जब भी तेरे दिल में पैदा हौसला हो जाएगा

जब भी तेरे दिल में पैदा हौसला हो जाएगा

एक ही लम्हे में तय हर मरहरा हो जाएगा

दो निगाहों का तसादुम मुजज़ा हो जाएगा

रूनुमा एक खूबसूरत हादसा हो जाएगा

इश्क जब हद से बढ़ेगा देख लेना इश्क़ में

तेरे दिल से मेरे दिल का राब्ता हो जाएगा

इल्म किसको था कि कश्फी वक़्त ऐसा आएगा

आदमी से आदमी का फासला हो जाएगा

तेरी महफिल से जब भी आता हूं

तेरी महफिल से जब भी आता हूं

तेरी खुशबू चुरा के लाता हूं

आजकल मिलके हुस्न वालों से

रोग ताज़ा लगा के लाता हूं

ज़ीस्त की खारज़ार राहों से

अपना दामन बचा के लाता हूं

हो इजाज़त तो जी हुज़ूरीसे

काम सारे बना के लाता हूं

जब संभाले नहीं संभलता दिल

तेरा कूचा दिखा के लाता

मैं भी दुनिया की नजरों में अब मोतबर हो गया देख ले

मैं भी दुनिया की नज़रों में अब मोतबर हो गया देख ले

सारी रुसवाईयों का असर बेअसर हो गया देख ले

एक पसीने की बात क्या मुद्दतों खूं से सींचा गया

पेड़ वो भी वफाओं का अब बेसमर हो गया देख ले

हमनशि मेरे तू ही बता क्यों ना इसको करिश्मा कहूं

दर्दे ए दिल बढ़ते बढ़ते मेरा चारागर हो गया देख ले

वो जो नज़रों से गिरता रहा जिसको अपनों ने ठुकरा दिया

मरके दुनिया में ऊंचा वही किस क़दर हो गया देख ले

खत्म अब हो गए फासले हो गई खत्म मजबूरियां

जज़्ब ए शौक़ ए दिल तेरा कारगर हो गया देख ले

बे सबब अपने हमराज़ पर तूने डाली है शक की नज़र

वो जो दुश्मन था कश्फी तेरा हम नज़र हो गया देख ले

काश एक ऐसे मसीहा से शनासाई हो

काश एक ऐसे मसीहा से शनासाई हो

मुस्तक़िल दर्द रहे और मसीहाई हो

दिल के दरिया में उठा रंज व अलम का तूफां

यह भी मुमकिन है के यादों की हवा आयी हो

सुन के रुदाद मेरी उसका छुपाना चेहरा

हाल पे जैसे मेरे उसको हंसी आयी हो

गुम खयालात में था उनके मगर चौंक उठा

जैसे एक टूटे हुए दिल की सदा आयी हो

हम तो वादा भी नहीं करते किसी से कश्फी

फिर यह मुमकिन ही नहीं हमने क़सम खाई हो

जिससे पोशीदा नहीं कुछ भी वो बिनाई हुं

जिससे पोशीदा नहीं कुछ भी वो बीनाई हूं

एक इदराक हूं मैं सोच की गहराई हूं

खुदकुशी के लिए मजबूर करे जो मुझको

मैं वह गुरबत्त हूं कभी या कभी महंगाई हूं

यूं तो मैं सैकड़ों लोगों में हूं मौजूद, मगर

वक्त कहता है मेरा मुझसे कि मैं तनहाई हूं

जो तबस्सुम मेरे अश्कों को छुपा लेता है

बस उसी तेरे तबस्सुम का तमन्नाई हूं

रह गया बनके तमाशा तेरा दीवाना, मगर

देखने वाले समझते हैं के तमाशाई हूं

क्या कहूं रह गया कश्फी में परेशां होकर

जुल्फ ए बरहम हूं कोई या कोई अंगड़ाई हूं

मुझे राहते न कभी मिली, मिले दिन ही सिर्फ मलाल के

मुझे राहतें न कभी मिली, मिले दिन ही सिर्फ मलाल के

न रखा कहीं का भी दिलरुबा मुझे तूने दिल से निकाल के

ग़म ए ज़िंदगी तेरा शुक्रिया तेरा शुक्रिया तेरा शुक्रिया

दिल ए मुज्तरिब को दिखा दिया जो सुरूर वह कैफ में ढाल के

जो गीरा तो बढ़ कर उठा लिया जो उठा तो उसको गिरा दिया

यह जहां अजीब व ग़रीब है मिले लोग मुझको कमाल के

न वीसाल जैसा विसाल है न फिराक़ जैसा फिराक़ है

मेरे दिल ये दिन भी हैं दिन कोई ना फिराक़ के ना विसाल के

तुझे हर नजर में समा लिया तुझे हर नफस में बसा लिया

जिए कैसे कश्फी ए बेनवा तुझे अपने दिल से निकाल के

तुझे हर नजर में समा लिया तुझे हर नफस में बसा लिया

जिए कैसे कश्फी ए बेनवा तुझे अपने दिल से निकाल के

यादों ने किया पागल देदे के सजा मुझको

यादों ने किया पागल देदे के सजा मुझको

देखा भी बिखर कर कुछ हासिल न हुआ मुझको

ये मेरी मोहब्बत है भुला न कभी तुझको

हरजाई का लेकिन क्यों इल्ज़ाम दिया मुझको

यादों से तेरी पल भर ग़ाफिल ना हुआ लेकिन

गुरबत ने मेरी तुझ तक आने न दया मुझको

गिरना तो मुक़द्दर था उठना भी था क़िस्मत में

क्या चीज थी वह जिसने चलने न दया मुझको

सामने मेरे जल्दी से आ जाइए

सामने मेरे जल्दी से आ जाइए

अब खुदारा मुझे दीद फरमाइए

दिल निछावर करूं या के जां वार दूं

आप फरमाइए और क्या चाहिए

इतने हस्सास हो के न जी पाओगे

होश खो दीजिए मस्त हो जाइए

जुल्मतें नामुरादी की हैं चारसू

ज़हन में आइए नूर बन जाइए

मैं हूं तन्हा बहुत मुझको लगता है डर

आइए मेरे नज़दीक आ जाइए

दिल है बैठा हुआ ज़हन उलझा हुआ

आप मेरी मसीहाई फरमाइए

वसवसो ने बहुत बे सुकून कर दिया है

अपने कश्फी की उलझन को सुलझाए

बहुत अच्छा है उनसे दूर रहना

बहुत अच्छा है उनसे दूर रहना

मोहब्बत होके भी मजबूर रहना

बहुत आसान है मशहूर होना

मगर दुश्वार है मशहूर रहना

बिठाए का ज़माना सर पे तुमको

सदा तुम खुद सरी से दूर रहना

अजब अंदाज है कश्फी तुम्हारा

हमेशा ही गोमों से चूर रहना

तुम भी वही हम भी वही

मुद्दत से कायम बेरुखी तुम भी वही हम भी वही

हमें हैं अब तक कज रवि तुम भी वही हम भी वही

अब मशग़ले कुछ और है जीने के तेवर और हैं

छाई है कैसी बेहीसी तुम भी वही हम भी वही

पूछे कोई तो बोलना दफ्तर न दिल का खोलना

दोनों की है आदत यही तुम भी वही हम भी वही

तुमने कहा मुंह मोड़ लो चाहो तो रिश्ता तोड़ लो

हमने कहा यह भी सही तुम भी वही हम भी वही

खुशी से दूर होते जा रहे हो

खुशी से दूर होते जाए रहे हो

बड़े रंजूर होते जा रहे हो

मेरे गीतों को अपने नाम करके

बहुत मशहूर होते जा रहे हो

हमीं ने तुमको चाहा वालेहाना

हमी से दूर होते जा रहे हो

मेरी कुरबत के साए में पले हो

मगर मग़रूर होते जा रहे हो

जुदा कश्फी से तुम जबसे हुए हो

ग़मों से चूर होते जा रहे हो

ज़िंदगी तुझ से डर रहा हूं मैं

ज़िंदगी तुझ से डर रहा हूं मैं

फिर भी तुझ पे ही मर रहा हूं मैं

मैं उरुज वह ज़वाल क्या जानू

हादसों से गुज़र रहा हूं मैं

सारी दुनिया को मात दे दूंगा

बेतुकी बात कर रहा हूं मैं

गुलशन ए जिंदगी खुदा हाफिज़

बनके खुशबू बिखर रहा हूं मैं

अब ग़मों से मिलेगी आज़ादी

आख़री कुच कर रहा हूं मैं

42

कश्फी मैं भी तो एक सूरज हूं

डूब कर फिर उभर रहा हूं मैं

मेरे नसीब में ठोकर है क्या किया जाए

मेरे नसीब में ठोकर है क्या किया जाए

ना हमसफ़र है ना रहबर है क्या किया जाए

जो इख्तियार में होता अभी पहुंच जाता

बहुत ही दूर तेरा दर है क्या किया जाए

मिला है हुक्म के बस्ती को ही मिटा आऊं

मगर उसी में तेरा घर है क्या किया जाए

वह जिसने मुझ से ही सीखा क़लम चलाना भी

उसी के हाथ में खंजर है क्या किया जाए

उसी ने ही तो जलाई है बस्तियां कश्फी

वही जो कौम का रहबर है क्या किया जाए

उसी ने ही तो जलाई है बस्तियां कश्फी

वही जो कौम का रहबर है क्या किया जाए

ग़म ए जिंदगी की दवा चाहता हूं

ग़म ए जिंदगी की दवा चाहता हूं

तेरी बस तेरी मैं दुआ चाहता हूं

तेरी बज़्म में हैं अदब मुझको लाज़िम

मगर मैं कुछ इस से सिवा चाहता हूं

रहे जिंदगी की थकन में हमेशा

 मैं आंचल की तेरे हवा चाहता हूं

दुआ है सलामत रहे तेरी शोखी

मगर तेरे नाज़ व अदा चाहता हूं

मेरी सादगी पर सभी हंस रहे हैं

फरेबी जहां में वफा चाहता हूं

अभी रात बाक़ी है डर क्या सहर का

मैं शब का दिया हूं जिला चाहता हूं

सितम हो करम हो खुशी हो के ग़म हो

तुझे तुझसे कश्फी सिवा चाहता हूं

शेर औरों के गाकर कुछ

शायर खुद को कहते हो

शेर औरों के गाकर कुछ

करने कुछ मैं आया था

कर बैठा हूं आकर कुछ

कहते हैं जिसको इंसां

अंदर कुछ है बाहर कुछ

मैं तो दिल में रहता हूं

क्या पाओगे ढाकर कुछ

तुमसे मिलकर लगता है

दिल में कुछ है मुंह पर कुछ

48

सुनते हैं तुम भी कश्फी

घर पर कुछ हो बाहर कुछ

जहां हो खोफ वहीं रात हो ही जाती है

जहां हो खोफ वहीं रात हो ही जाती है

जो टूटी छत हो तो बरसात हो ही जाती है

कभी यू उनकी मदारात हो ही जाती है

के बार बार मुलाक़ात हो ही जाती है

हुसूल ए दुनिया के चक्कर में अच्छे अच्छों से

जो ना रवा है वही बात हो ही जाती है

कभी तो हमसे भी वो हिचकिचा के मिलते हैं

कभी तो क़िल्लत ए ओक़ात हो ही जाती है

तुम्हारी हिज़्र की शिद्दत की धूप में कश्फी

हमारी आंख से बरसात हो ही जाती है

जैसा है वैसा दिखता नहीं

जैसा है वैसा दिखता नहीं

आदमी, आदमी सा नहीं

यूं तो कहने को अपने हैं सब

अस्ल में कोई अपना नहीं

जिस की रौनक़ थे उस बज़्म में

अब हमारा ही चर्चा नहीं

तुम को खोकर यह हम पर खुला

कोई भी आप जैसा नहीं

झूठ महबूब है सबको अब

सच किसी को भी प्यारा नहीं

52

हाथ कश्फी मिलाते हैं सब

दिल कोई भी मिलाता नहीं

है अज़ल का ये राब्ता मेरा

है अज़ल का ये राब्ता मेरा

मैं अना हूं तू आइना मेरा

गर्दीशें आ गईं मेरे घर तक

तुझसे टूटा जो सिलसिला मेर

अब तो जीना मुहाल है या रब

तोड़ दे ग़म से राब्ता मेरा

ज़ुल्म के आगे झुक गया सर भी

हो रहा है यूं खात्मा मेरा

रायेग़ा हो चुकीं है तदबीरें

काम आया ना तजरबा मेरा

अपनी मंजिल की धुन में हूं कश्फी

कौन रोकेगा रास्ता मेरा

वह फिर याद आकर सज़ा दे गई

मुझे हिचकीयों में सदा दे गई

वो फिर याद आकर सज़ा दे गई

यहां भी नहीं है वहां भी नहीं

वो झूठी थी झूठा पता दे गई

मुझे मौत से अब गिला कुछ नहीं

मुझे जिंदगी ही दग़ा दे गई

जिसे मौत तक में सताता रहा

मुझे मरते मरते दुआ दे गई

चश्म ए बद से छुपा के रखता हूं

चश्म ए बद से छुपा के रखता हूं

ख्वाब तुझको बना के रखता

क्या पता किस घड़ी तू आ जाए

इसलिए घर सजा के रखता हूं

कोई तुझको न छीन ले मुझसे

तुझको दिल में छुपा के रखता हूं

मुझसे जो आशना नहीं कश्फी

उसको अपना बना के रखता हूं

उलझन को मेरे दिल की सुलझा के चले जाना

उलझन को मेरे दिल की सुलझा के चले जाना

ज़हमत तो तुम्हें होगी बस आके चले जाना

एक जुर्म ए मोहब्बत की सौ तुमने सजाएं दीं

सहने का सलीक़ा भी समझा के चले जाना

उनवान ए वफा तेरा मौज़ू ए ग़ज़ल मरा

आंचल में छुपा के मुंह शर्मा के चले जाना

है याद मुझे अब तक अंदाज हर एक उनका

लहरा के चले आना बल खा के चले जाना

लगता है करम कश्फी हर एक सितम उनका

तड़पा के चले आना तरसा के चले जाना

58

लगता है करम कश्फी हर एक सितम उनका

तड़पा के चले आना तरसा के चले जाना

फिराक़ ए यार से तंग आ गए हैं

फिराक़ ए यार से तंग आ गए हैं

हम इस आज़ार से तंग आ गए हैं

खुदाया गुल वफा की फिर खिला दे

जफा के खार से तंग आ गए हैं

बिठाया है घरों में बुज़दिली ने

दर व दीवार से तंग आ गए हैं

इलाही खींच ले दर्द ए सनम अब

दिल ए बीमार से तंग आ गए हैं

न जाने जीत कब होगी हमारी

"मुसलसल हार से तंग आ गए"

60

बहुत दुश्वार है कश्फी ये राहें

क़दम रफ्तार से तंग आ गए

छत पे देखा उसका साया बरसों बाद

छत पे देखा उसका साया बरसो बाद

शायद फिर वो मिलने आया बरसों बाद

उजड़ी उजड़ी मेरे दिल की बस्ती थी

इसमें कोई रहने आया बरसों बाद

फैली फ़िज़ा में खुशबू जानी पहचानी

गांव में शायद कोई आया बरसों बाद

बरखा रुत ने नस-नस में अग्नि भर दी

बादल ने जब जल बरसाया बरसों बाद

खून के दरिया बहते देखें धरती पर

करबल का मंजर दर आया बरसों बाद

62

जब बीछढ़ा था बेगाना था बेगाना

कश्फी अपना बनकर आया बरसों बाद

वह भी मेरे जैसा है

हंस हंस के दुख सहता है

वह भी मेरे जैसा है

कैसे उसका दिल तोड़ूं

आखिर मेरा बेटा है

साथ यूं मेरे चलता है

जैसे मेरा साया है

आंसू बन के टपका है

ऐसे मुझसे रूठा है

कब तक जुल्म सहेंगे हम

बच्चा बच्चा कहता है

64

जुल्फें काली रातें हैं

चेहरा चांद का टुकड़ा है

मेरे ग़म के क़िस्सों को

कान लगाकर सुनता है

मुझसे कश्फी होकर वाकिफ

सहमा सहमा रहता है

मुस्कुराना जुर्म है आंसू बहाना जुर्म

मुस्कुराना जुर्म है आंसू बहाना जुर्म है

हमनशीं तू ही बता क्या दिल लगाना जुर्म है

सर झुकाएगा तो तेरा सर क़लम हो जाएगा

क़त्ल गाह ए जिंदगी में सर झुकाना जुर्म है

मरने वाला मरते मरते बोलकर ये मर गया

मुझ अकेले के लिए सब को रुलाना जुर्म है

सर ज़मीन ए आशिक़ी को सींचने के वास्ते

अब बदन में एक क़तरा खूं बचाना जुर्म है

तेरी सूरत को निगाहों में बसाकर अक्सर

तेरी सूरत को निगाहों में बसाकर अक्सर

देखता हूं मैं सु ए माह ए मुनव्वर अक्सर

गुफ्तगू का भी सलीक़ा नहीं आया अब तक

लोग हंसते हैं मेरी बात को सुनकर अक्सर

तुर्श रूई से भी अरमानों का खूं होता है

चीर देते हैं दिल अल्फाज़ के खंजर अक्सर

नासमझ हैं वो जो गिरने पर उड़ाते हैं मजाक़

राहे हंसती है लगा करती है ठोकर अक्सर

इस तरह जमने जकड़ रखा है कश्फी मुझको

जैसे चंदन को जकड़ लेते हैं अजगर अक्सर

कुछ न रखना सभी मिटा देना

कुछ न रखना सभी मिटा देन

खत भी मेरे सभी जला देना

याद आए तुझे कभी मेरी

अश्क आंखों से कुछ बहा देना

जिसकी खातिर मुझे भुला बैठे

कौन है वह ज़रा बता देना

छोड़कर तुझको रह सकूं कुछ दिन

ख्वाब ऐसे कोई दिखा देना

याद अब तक है वह अदा तेरी

रोते-रोते मुझे रुला देना।

रात कट जाए आह भर भर के

ज़ख्म ऐसा कोई लगा देना

झील जैसा ना वह कवंल जैसा

झील जैसा न वो कवंल जैसा

वह है म्मनूआ कोई फल जैसा

उसकी आंखें रुबाइयां जैसी

उसका चेहरा भी है ग़ज़ल जैसा

उसकी आमद है जिंदगी जैसी

उसके जाने का ग़म अजल जैसा

उसका हर लफ्ज़ चारागर जैसा

उसका लहजा भी है ग़ज़ल जैसा

बूढ़े कंधों पर बोझ बेटे का

रोज ढ़ोता हूं कश्फी हल जैसा

बूढ़े कंधों पर बोझ बेटे का

रोज ढ़ोता हूं कश्फी हल जैसा

जिंदगी खूब सताए तो ग़ज़ल होती है

जिंदगी खूब सताए तो ग़ज़ल होती है

जब कोई अपना रुलाए तो ग़ज़ल होती है

जी हुजूरी से तरक्की मिले ना अहलों को

एहलियत काम ना आए तो ग़ज़ल होती है

शेर गोयी पर कहां मुझको है कुदरत, लेकिन

जब ख्याल आपका आए तो ग़ज़ल होती है

कौल भी जिसके अजब फैल अनोखे जिसके

वो ही क़ानून सिखाए तो ग़ज़ल होती है

अपनी निगरानी में ज़िन्दों को जलाने वाला

मसनद ए शाही पर आए तो ग़ज़ल होती है

अपने दीदार के वादे को निभाने कश्फी

कोई जब ख्वाब में आए तो ग़ज़ल होती है

मेरे महबूब बहुत प्यार किया है मैंने

मेरे महबूब बहुत प्यार किया है मैंन

बस तेरे ज़िक्र को गुफ्तार किया है मैंने

तेरी मखसूस अता है के इनायत तेरी

हिजर में भी तेरा दीदार किया है मैंने

भूलने वाले बहुत याद किया है तुझको

बस तेरा ज़िक्र ही हर बार किया है मैंने

वह मुझे बख्श दे या कोई सजा दे कश्फी

अपने हर जुर्म का इक़रार किया है मैंने

कभी ज़हम में असरार बनके रहते है

कभी वह ज़हन में असरार बनके रहते हैं

कभी जुबान पर अशआर बनके रहते हैं

जो फ़न के फे से भी वाकिफ नहीं वही अक्सर

अदब की बज़्म में फनकार बनकर रहते हैं

जो मुंह से मीठा कहें दिल में नफरतें रख्खें

वही क़बीले के सरदार बन के रहते हैं

जो अपने आप की पहचान खो चुके हैं लेकिन

जहां के सामने किरदार बनके रहते हैं

है नाज़ दुनिया को जिनके वजूद पर कश्फी

वह घर में अपने ही बेकार बनके रहते हैं

है नाज़ दुनिया को जिनके वजूद पर कश्फी

वह घर में अपने ही बेकार बनके रहते हैं

लाख कोशिश करो ज़माने से

लाख कोशिश करो ज़माने से

ऐब छुपता नहीं छुपाने से

उसकी हर हर अदा में नुदरत है

रूठ जाता है वह मनाने से

खौफ उसका नहीं रहा कश्फी

और डरते हो तुम ज़माने से

अभी फासलों का निज़ाम है अभी पास आना हराम है

अभी फासलों का निज़ाम है अभी पास आना हराम है

भले जिस्म जिस्म मिले मगर अभी दिल में लाना हराम है

तेरा ध्यान दिल में बंधा हुआ तेरा नाम लब पर सजा हुआ

तेरी याद मेरी नमाज़ है तुझे भूल जाना हराम है

तेरे शहर की है सज़ा अजब तेरे शहर की है जज़ा अजब

कहीं घर जलाना सवाब है कहीं घर बनाना हराम है

तू अबस सुनाता है हाल ए दिल तू अबस दिखाता है जख्म ए
दिल

यहां शिकवा करना रवा नहीं यहां सर उठाना हराम है

तेरे कश्फी तेरे असीर को तेरे शायिर ए हक़ीर को

तेरी जुस्तजू तो हलाल है तेरे पास आना हराम है

अपने अपनों से खूब जलते हैं

अपने अपनों से खूब जलते हैं

अब निगाहों में भाई खलते हैं

पहले पलते थे आसतीनों में

अब तो घर घर में सांप पलते हैं

आप जैसे थे वैसे हो कश्फी

लोग पल भर में अब बदलते हैं

यह फैसला फैसला नहीं है

यह फैसला फैसला नहीं है

ज़रा भी हक़ पर हुआ नहीं है

मजा आ रहा है जो उंगलियों पर

मदारी है, रहनुमा नहीं है

बदल गए हैं चमन के मौसम

कोई भी अपनी जगह नहीं

जिसे सुनाते हम अपना दुखड़ा

कोई भी ऐसा मिला नहीं है

बहुत कड़े थे अना के पहरे

कोई किसी से मिला नहीं

82

सब आ गए मुझ पर ज़ुल्म ढाने

बस एक तुम्हारा पता नहीं

वह इन दिनों है उदास कश्फी

किसी से कुछ बोलता नहीं

दर्द ए दिल से क़रीबहोते हैं

दर्द ए दिल से क़रीब होते हैं

हुस्न वाले तबीब होते हैं

उन पर नज़रें ठैर नहीं सकतीं

जो नज़र से क़रीब होते हैं

चार पैसों में बेच दें इमां

लोग कितने अजीब होते हैं

साथ रहकर भी मार दे खंजर

चंद ऐसे हबीब होते हैं

वो हकी़क़त शनास क्या होंगें

ख्वाब जिनके नसीब होते हैं

84

एक दुश्मन ने यह कहा कश्फी

दोस्त अपने रक़ीब होते हैं

बिन तेरे मेरी शायरी कम है

मेरी ग़जलों का हुस्न था तुझसे

बिन तेरे मेरी शायरी कम है

जुल्मतों में गुज़ारने वालों

दिल जलाओ की रोशनी कम है

आप को कैसे भूल सकते

लाख आंखों में अब नमी कम है

पूरखतर ज़िंदगी की राहों में

 तेरी यादों की रहबरी कम है

याद करने पे बारहा कश्फी

यू लगा उनकी याद भी कम है

आमद भी बहारों की करती है शजर ज़ख्मी

आमद भी बहारों की करती है शजर ज़ख्मी

डर है के न हो जाए फूल और समर ज़ख्मी

बेसूद हैं तदबीरें बेफायदा मरहम भी

दिल याद के खंजर से हो जाए अगर ज़ख्मी

मासूम मेरे दिल पर जा़लिम सितम ढाए

कहना भी अगर चाहूं होता है जिगर ज़ख्मी

घड़ियां यह जुदाई की गुज़रेगी बता कैसे

मिलने की तमन्नायें करती हैं जिगर ज़ख्मी

शायद के मेरी खातिर आया था इधर कश्फी

चलने से हुई जिसके उल्फत की डगर ज़ख्मी

शायद के मेरी खातिर आया था इधर कश्फी

चलने से हुई जिसके उल्फत की डगर ज़ख्मी

सुकून बनके तेरी याद जब थकन में रहे

सुकून बनके तेरी याद जब थकन में रहे

दिल ए हंजीं मेरा क्यों रंज में महन में रहे

मेरा वजूद लरज़ता है इस तसव्वर से

के दिल में तू न रहे और जां बदन में रहे

तू अश्क बनके रहे मेरे दीद ए तर में

कभी जफा भी जबीं की शिकन शिकन में रहे

अब उनको दें भी तो क्या ज़हमत ए मसीहाई

मसीहा बन के जो कश्फी तेरे बदन में रहे

वो थे सांप आस्तीं के रहे आस्तीं में पलके

वो थे सांप आस्तीं के रहे आस्तीं पलके

कहें दोस्त उनको कैसे जो हैं आज के न कल के

मेरे साथ चलने वाले तू क़दम बढ़ा संभल के

कहीं यह बहक न जाए मेरे साथ साथ चल के

मुझे याद आने वाले तुझे वास्ता वफा का

मेरे ख्वाब में भी आ जा ज़रा फैसला बदल के

मुझे रहगुज़र में तेरी मेरे दोस्तों ने लूटा

जो चला कभी मैं बच के मिले फिर वो रुख बदल के

ग़म ए ज़िंदगी ने बख्शी मुझे बेहिसाब खुशियां

मेरा हाथ बढ़के थामा गिरा जब भी मैं संभल के

91

रह ए ज़िंदगी में कश्फी इन्हें मैंने आज़माया

ये जो आज के हैं रेहबर यही राहज़न थे कल के

ग़म ए ज़िंदगी ने बख्शी मुझे बेहिसाब खुशियां

मेरा हाथ बढ़के थामा गिरा जब भी मैं संभल के

हमने जां देके भी सरहद की हिफ़ाज़तकी है

हमने जान देकर भी सरहद की हिफाजत की है

फिर भी कहते हैं वह हमसे के बगावत की है

वह समंदर भी तो मेरे लिए तूफान बना

जिसकी हर मौज से बेलौस मोहब्बत की

राहबर ने ही हमें लूट लिया है कश्फी

जिसकी हर मोड़ पे रहज़न से हिफाज़त कि है

सियासत को निभाया जा रहा है

सियासत को निभाया जा रहा है

हमें टुकड़ों में बांटा जा रहा है

मोहब्बत में सताया जा रहा है

मज़ाक़ ए दिल उड़ाया जा रहा है

नज़र की रोशनी को आज क्यों कर

अंधेरों में छुपाया जा रहा है

बुझाई जिसने शहर ए ग़म की आतिश

उसी का घर जलाया जा रहा

जलाई बस्तियां जिसने हजा़रों

वह पलकों पर बिठाया जा रहा है

94

रह ए हस्ती में जिसने सबको लूटा

उसे रहबर बनाया जा रहा है

सर ए महफिल न जाने मुझको कश्फी

रुला कर क्यों हंसाया जा रहा है

तेरी यादों ने फिर सताया है

तेरी यादों ने फिर सताया है

बेतहाशा मुझे रुलाया है

आ गई ज़द में खुशकियां सारी

जब समंदर ने जुल्म ढाया है

मैं जुबां वाला बन गया, जब से

नाम तेरा जुबां पे आया है

दिल की धड़कन रुकी रुकी सी है

मौत का ज़िंदगी पे साया है

इसलिए नम हुई ज़मीं दिल की

उसने आंसू बहुत बहाया है

96

जिस्म ज़िंदा जले यहां कश्फी

जाने कैसा अजब आया है

इसलिए नम हुई ज़मीं दिल की

उसने आंसू बहुत बहाया है

जिस्म ज़िंदा जले यहां कश्फी

मेरी शायरी है तू

रंजो गम की धूप में

साया ए खुशी है तू

गुनगुनाता हूं तुझे

मेरी शायरी है तू

मेरा मक़सद ए हयात

मेरी सांस भी है तू

हालांकि हर तरह की सहूलत उसे भी थी

हालांकि हर तरह की सहूलत उसे भी थी

लेकिन बिछड़ के जीने से वहशत उसे भी थी

नीलाम मुफलिसी उसे करती नहीं अगर

सर को उठा कर जीने की आदत उसे भी थी

आंसू बहा बहा के जलाया था मेरा घर

शायद मेरे खुलूस से रग़्बत उसे भी थी

मैं खुद भी अपने आप पे शर्मिंदा था मगर

जाने क्यों मेरे हाल पे हैरत उसे भी थी

उसके बंगैर मैं भी जिया भी तो क्या जिया

सुनते हैं के जुदाई क़यामत उसे भी थी

सुनते हैं आजकल के वह मग़रूर हो गया

कश्फी कभी गुरुर से नफरत उसे भी थी

उसके बंगैर मैं भी जिया भी तो क्या जिया

सुनते हैं के जुदाई क़यामत उसे भी थी

सुनते हैं आजकल के वह मग़रूर हो गया

कश्फी कभी गुरुर से नफरत उसे भी थी

मैंने अपना फ़र्ज़ निभाया क्या होगा

मैंने अपना फ़र्ज़ निभाया क्या होगा

आंसू पीके उसको हंसाया क्या होगा

मेरा दुश्मन मुझको दुश्मन कहता था

हमदम बन कर ख्वाब में आया क्या होगा

अब के बचकर मेरा जाना नामुमकिन

भाई ने मेरे जाल बिछाया क्या होगा

रुसवा करना जिस की आदत है कश्फी

उसको दिल का हाल सुनाया क्या होगा

जब इरादे जवां हो गए

जब इरादे जवां हो गए

हौसले मेहरबा हो गए

चारागर जब भी आया मेरा

ज़ख्म दिल के नेहा हो गए

आतिश ए इश्क़ का था असर

दिल के अरमां धुआं हो गए

जब से पैसों में तोला गया

बेज़ुबां हम ज़ुबां हो गए

हम पे उनकी नज़र क्या पड़ी

लोग भी बदगुमां हो गए

अर्ज़ कश्फी करें उनसे क्या

खुद ही वह मेहरबां हो गए

रंज सहना जिसे नहीं आता

रंज सहना जिसे नहीं आता

हंस के जीना उसे नहीं आता

मेरा दुश्मन ही वह सही लेकिन

दिल दुखाना मुझे नहीं आता

सर उठाना ही मेरा शेवा है

सर झुकाना मुझे नहीं आता

साथ मर कर दिखाना है, वरना

साथ जीना किसे नहीं आता

खामशी बोलने से बेहतर है

बोलना गर तुझे नहीं आता

किसके ग़म में है मुब्तिला कश्फी

शाद रहना तुझे नहीं आता

खामशी बोलने से बेहतर है

बोलना गर तुझे नहीं आता

किसके ग़म में है मुब्तिला कश्फी

बेजुबा हूं मेरी जुबान तू है

बेजुबा हूं मेरी जुबान तू है

दिल में बस जाए वह बयां तू है

जान ए मन मीर ए कारवां तू है

तपती राहों में सायबां तू है

ज़िंदगी की उदास रातों में

मेरी खुशियों का राज़दां तु है

जिस में आकर सुकून पाता हूं

मेरी राहत का आशियां तू है

मेरी आंखों की खुशनसीबी है

देखता हूं जहां वहां तू है

ग़ौर से देख मैं हक़ीक़त हूं

लोग कहते हैं दास्तां तू है

मेरी आंखों की खुशनसीबी है

देखता हूं जहां वहां तू है

वह हम कलाम निगाहें चुरा चुरा के हुआ

वह हम कलाम निगाहें चुरा चुरा के हुआ

जुदा हुआ भी तो आंसू बहा बहा के हुआ

किए थे साफ कभी जिससे उसके आंसू भी

वह धज्जियां उसी दामन के खुश उड़ा के हुआ

तू दूर होके भी मेरे नफस-नफस में हैं

मैं खुशनसीब तुझे दिल में भी बसाके हुआ

चराग़ ए इश्क़ से रोशन थी ज़िंदगी मेरी

वह खुश हुआ भी तो कश्फी उसे बुझा के हुआ

मैं आप बीती सुना रहा था

मैं आप बीती सुना रहा था

वह अश्क अपने बहा रहा था

वह तंजिया मुस्कुरा रहा था

मैं अपना दुखड़ा सुना रहा था

वो करके तनहाई का तसव्वुर

रुला कर खुद को रुला रहा था

जमा हुआ खूं रगों में दौड़ा

मैं फिर तुझे गुनगुना रहा था

वह हंसना मुझको सिखा के कश्फी

खुद अपने आंसू छुपा रहा था

109

वह हंसना मुझको सिखा के कश्फी

खुद अपने आंसू छुपा रहा था

रंज व ग़म सारे भूल जाता हूं

रंज व ग़म सारे भूल जाता हूं

जब तुझे मैं गले लगाता हूं

इतना मानुस हो गया ग़म से

आलम ए ग़म में मुस्कुराता हूं

क्या सबक़ है तेरी मोहब्बत का

याद करता हूं भूल जाता हूं

साज़ बनकर वह पास आते हैं

जब कोई शेर गुनगुनाता हूं

जानता हूं कि वो नहीं आते

मैं हमेशा मगर बुलाता हूं

मैं अजीब व ग़रीब हूं कश्फी

खुद को खोता हूं और पाता हूं

अगर वह साथ में होता तो रहबरी होती

भटक गया हूं मैं राहों में पेंच वह कम के सबब

अगर वो साथ में होता तो रहबरी होती

अब अश्क़ बन के टपकने लगे वो आंखों से

कहां फिर अश्कों की बारिश में कुछ कमी होती

मैं अपने आप में गुम हूं जमूद तारी है

तेरा ख्याल जो आता ग़ज़ल कही होती

तुम्हारे दम से हैं अरमां बसे हुए दिल में

वगरना दिल की यह बस्ती उजड़ गई होती

जिए हैं ऐसे के जैसे कभी जिए ही नहीं

तुम्हारे साथ गुज़रती तो ज़िंदगी होती

खून बन कर रगों में दौड़ा कर

खून बन कर रगों में दौड़ा कर

जब बिछड़ आंख से भी टपका कर

आप अपने को यूं ना रुसवा कर

कोई वादा कभी ना झूठा कर

मैं हमेशा तुझे मनाऊंगा

तू हमेशा ही मुझसे रूठा कर

दूर तुझसे कहीं ना हो जाऊं

मुझको दिल के क़रीब रख्खा कर

यह हक़ीक़त मिटाने वाले हैं

ख्वाब ऐसे कभी न देखा कर

काम तेरे जरूर आएंगे

 ध्यान बच्चों का अपने रख्खा कर

घाव भरता नहीं है लफ्ज़ों का

बात करने से पहले सोचा कर

तुझको तन्हा कहीं न कर डाले

देख अपनों को यूं ना झिड़का कर

मैं किसी की नज़र में हूं कश्फी

मुझसे मेरा पता न पूछा कर

हमसफर हमक़दम हमनफस कल जो थे अब पराए हुए

हमसफर हमक़दम हमनफस कल जो थे अब पर आए हुए

जिनमें हम थे मकिं वह मकां या खुदा अब सराए हुए

तुमको देखे ज़माना हुआ अब निगाहें तरसने लगीं

आइए अब चले आइए हम हैं पलकें बिछाए हुए

उनकी आंखों में सजने लगे ग़ालेबन अजनबी ख्वाब भी

हमसे मिलते हैं वो आजकल अपनी नज़रें झुकाए हुए

आप जाने कहां खो गए इस क़दर क्यों खफा हो गए

मुद्दतें हुईं आपको हाल अपना सुनाएं हुए

यह अलग बात गिरफ्तार ए अना था वह भी

यह अलग बात गिरफ्तार ए अना था वह भी

वरना मेरे लिए मर मर के जिया था वह भी

मुझको एहसास ए नदामत है बिछड़ कर उससे

हो के शर्मिंदा बहुत मुझसे गया था वह भी

इतनी बेताब थी बेकल थी तबीयत उसकी

जैसे मिलने से मेरे शाद हुआ था वह भी

उसकी सांसों में चुभन बनके बसा था मैं भी

मेरी आंखों से लहू बनके बहा था वह भी

यूं तो कश्फी था मोहब्बत का सरापा लेकिन

लोग कहते हैं के पत्थर का बना था वह

यूं तो कश्फी था मोहब्बत का सरापा लेकिन

लोग कहते हैं के पत्थर का बना था वह

कितना शदीद दर्द है खुद आज़मा के देख

कितना शादीद दर्द है खुद आज़मा के देख

तू भी वफा के नाम पर अरमां लुटा के देख

जीता है कौन हिजर में आएगा सामने

क़िरतास ए दिल से नक्श ए मोहब्बत मिटा के देख

मुझको भुला के जीने की एक राह और है

शहरग पे मेरी प्यार का नशतर चला के देख

कश्फी जो तेरे नाम पर उंगली उठाएगा

आईन ए हयात उसी को दिखा कर देख

जैसे जन्नत को पा के देखा है

जैसे जन्नत को पाके देखा है

मां को जब मुस्कुरा के देखा है

कोई अपना नहीं मिला तुमसा

सबको अपना बना के देखा है

नाम मिटता नहीं तेरा दिल से

बारहा आज़मा के देखा है

वह मुझे भूल ही नहीं सकता

लाख उसने भुला के देखा है

मैंने पत्थर के शहर में कश्फी

कांच का घर बना के देखा है

मैंने पत्थर के शहर में कश्फी

कांच का घर बना के देखा है

तेरी यादों के जुगनू आए

रात अंधेरे दिल में मेरे

तेरी याद के जुगनू आए

दिल की बस्ती उजड़ी उजड़ी

सोच रहा हूं फिर तू आए

बोले और गिरविदा कर दे

उनको ऐसी उर्दू आए

चेहरे से गर्द-ए-ग़म धोया

जब भी आंख में आंसू आए

उनको जब जब सोचूं कश्फी

रोम रोम से खुशबू आए

हर खुशी ग़म में ढल गई होगी

हर खुशी ग़म में ढल गई होगी

हिज़्र में जां निकल गई होगी

नाम जब भी मेरा सुना होगा

आह मुंह से निकल गई होगी

अश्कों थमने में लगे हैं मेरे भी

वह भी शायद संभल गई होगी

याद जब भी मुझे किया होगा

रात अश्कों में ढल गई होगी

मेरी तस्वीर देखकर कश्फी

उसकी सूरत बदल गई होगी

जो तुम नहीं तो तुम्हारी याद अब मुझे परेशान कर रही है

जो तुम नहीं तो तुम्हारी याद अब मुझे परेशान कर रही है

नज़र नज़र से टपक रही है नफस-नफस में उतर रही है

विसाल तेरा अजीब तर है जो मेरी जां से क़रीब तर है

तेरी जुदाई का है यह एहसां मेरी दुआ का असर रही है

रक़ीब मुझको सता रहे हैं अजीब खयालात आ रहे हैं

चले भी आओ के जान मेरी अब इस जहां से गुज़र रही है

उजाले मेरी हयात के सब सियाह रातों में खो गए अब

के जैसे रोशन सहर भी मेरी कयामतों की सहर रही है

जफाओं ने दिल ही तोड़ डाला वफाओं का रुख ही मोड़ डाला

अगरचा कश्फी मेरी तबीयत उसी की यादों का घर रही है

नज़रों में रह के उसने नजा़रे चुरा लिए

नज़रों में रहके उसने नजा़रे चुरा लिए

जो ख्वाब कीमती थे वो सारे चुरा लिए

जिसकी वफा पे नाज़ था उसकी जफा न पूछ

दिल की ज़मीं तो दूर इजारे चुरा लिए

फुर्क़त में उसने देख के रोता हुआ मुझे

ख्वाबों में आके अश्कों के धारे चुरा लिए

कश्फी में सोचता था वह बादल वफा का है

जिस चोर ने फलक के सितारे चुरा लिए

उसने खत का जवाब लिख्खा है

उसने खत का जवाब लिख्खा है

ज़िंदगी को आज़ाब लिख्खा है

भूल कर मैंने हर जफा तेरी

बस वफा का हिसाब लिख्खा है

तेरी फ़ूरक़त में रोने धोने को

मैंने सैलाब ए आब लिख्खा है

तेरे ग़मको इलाज ए ग़म लिखकर

दिल को खाना खराब लिख्खा है

उसने लहजा बदल दिया कश्फी

जब भी मैंने जनाब लिख्खा है

इश्क़ हूं जिस्म व जां में रहता हूं

उनकी रूह ए रवां में रहता हूं

इश्क़ हूं जिस्म व जां में रहता हूं

मुझको ऐश व खुशी से क्या मतलब

इश्क़ हूं इमतेहां में रहता हूं

मैंसरापा निशात हूं लोगों

फिर भी आह व फुग़ां में रहता

खारज़ार ए ज़मीं का तिनका हूं

दी द ए आसमां में रहता हूं

मैं सरापा यकीन हूं फिर भी

उनके वहम वह गुमां में रहता हूं

बन के मफहूम शेर का कश्फी

अपनी उर्दू ज़ुबां में रहता हूं

यह दुनिया है जफाओं के यहां बाज़ार लगते हैं

फरेब व मक्र के अंबार के अंबार लगते हैं

यह दुनिया है जफाओं के यहां बाज़ार लगते हैं

यह जुल्म व जबर् के माहौल से निकले हुए चेहरे

मैं जब भी देखता हूं यह मुझे अखबार रगते हैं

मेरी गुमनामीरों में तो सर आंखों पर बिठाते थे

मेरे अपने मेरी शोहरत से अब बेजार लगते हैं

चुराकर शेर लिख लेना तरन्नुम से ग़ज़ल पढ़ना

बड़ा शायर अब उसके होने के आसार लगते हैं

मैं उसके हुस्न की तारीफ करना भूल जाऊं तो

मेरे शेरों के मिसरे भी उसे बेकार लगते हैं

तेरी धुन में सभी कामों से छुट्टी मिल गई मुझको

सभी हफ्ते के दिन कश्फी मुझे इतवार लगते हैं

हम हक़ीक़त से निकल कर जब गुमां तक आ गए

हम हक़ीक़त से निकल कर जब गुमां तक आ गए

राज़ थे जितने भी शिकवे सब ज़ुबां तक आ गए

जितने अपने थे सभी से तोड़ डाली राब्ते

तुमको पाने की लग्न में हम यहां तक आ गए

कौन कहता है के परवाज़ ए तमन्ना कुछ नही

हमको देखो हम फराज़ ए आसमां तक आ गए

बस तुम्हारी कुर्बतों से ज़िंदगी थी ज़िंदगी

अब तुम्हारे हिज़्र में हम देने जां तक आ गए

उन परिंदों को सियासी अजदहों का खौफ था

उड़ते उड़ते फिर भी कश्फी आशियां तक आ गए

136

मेरे अपनों के दिलों पर बार थी

मेरे अपनों के दिलों पर बाहर थी

सर पे कल तक जो मेरे दस्तार थी

तेरी आंखों के इशारे से गिरी

सर पे लटकी हुई जो तलवार थी

बोझ क्यों सहती भरोसे का भला

शक के गारे से बनी दीवार थी

जाने कैसे मर गया वह डूबकर

बादबां था कश्ती थी पतवार थी

घर के सारे मर्द बेबस है बहुत

औरतों के हाथ में सरकार थी

मुस्तक़िल चलने से मंजिल मिल गई

सुस्त वैसे तो बहुत रफ्तार थी

मौत ने आकर बचा ली जा मेरी

ज़िंदगी कश्फी बहुत दुश्वार थी

रंज व ग़म चुभन लेकर तेरी याद आई है

रंज व ग़म चुभन लेकर तेरी याद आई है

इश्क का कफन लेकर तेरी याद आई है

अपने हिज्र का लाशा बरहना था बेचारा

वस्ल का कफन लेकर तेरी याद आई है

दिद का जुनूं है यह या के है गुमां मेरा

तेरा ही बदन लेकर तेरी याद आई है

मुंतशिर ज़हन को फिर चैन से सुलाने को

मरमरी बदन लेकर तेरी याद आई है

हिज्र में भी सरगोशी सुन रहा हूं तेरी मैं

जादूई सुखन लेकर तेरी याद आई है

क्या रक़म करूं कश्फी शेर की इबारत को

काग़ज़ी बदन लेकर तेरी याद आई है

मेरे लहजे में जब भी बोलता है

मेरे लहजे में जब भी बोलता है

सुना है फिर वो सच ही बोलता है

वो सुध बुध अपनी शायद खो चुका है

पराई शै को अपनी बोलता है

कहां खुश है वो छूकर आसमां भी

बुलंदी को भी पस्ती बोलता है

वो हक़ अपना जताता यूं है मुझ पर

मेरी ग़ज़लों को अपनी बोलता है

तमाम उम्र फ़क़त उसकी आरज़ू करना

तमाम उम्र फ़क़त उसकी आरज़ू करना

तुम उसको याद भी करना तो बा वज़ू करना

ज़माना आपको एजाज़ से नवाजेगा

शफीक़ लहजे में छोटों से गुफ्तगू करना

तुम इंतजार के वादों के तीर बरसाओ

हमारा काम है दिल को लहू लहू करना

वो अपने आप को अहल ए जुबां समझते हैं

उन्हें सिखा दे जरा कोई गुफ्तगू करना

हिजाब हटने दे कश्फी तु अजनबीयत का

फिर उसके बाद बिलाखोफ तुम से तू करना

दूर रहना मुहाल है प्यारे

दूर रहना मुहाल है प्यारे

ज़िन्दगी का सवाल है प्यारे

अब तेरा ग़म मुझे संभालेगा

वरना किसकी मजाल है प्यारे

कौन रोता है हिज़ में ऐसे

तेरा रोना कमाल है प्यारे

इश्क़ में बदगुमां हुआ कैसे

तेरे शीशे में बाल है प्यारे

रंजो वह ग़म के हुजूम में रहकर

तेरा हंसना कमाल है प्यारे

अश्क़ तेरे मेरे हवाले कर

मेरे हिस्से का माल है प्यारे

हिज्र में जीना या के मर जाना

अपना-अपना कमाल है प्यारे

शेर सुन सुन के मेरे कहता है

कितना अच्छा ख्याल है प्यारे

इश्क़ कहते हैं जिसको वह कश्फी

आजकल एक वबाल है प्यारे

हर एक शख़्स को धोखे में डाल रखा है

हर एक शख़्स को धोखे में डाल रख्खा है

तुम्हारे लहजे में कितना कमाल रख्खा है

तू ही बता दे के कितने ज़लील होंगे

हमारे हिस्से में कब तक ज़वाल रख्खा है

जुदाईयां भी हमें दूर कर नहीं सकतीं

छुपा के हिज़्र में तुमने विसाल रख्खा है

तुम्हारे हिज़्र में टूटे मगर नहीं बिखरे

तुम्हारी याद ने अब तक संभाल रख्खा है

बिछड़ के भी नहीं भूलेगा वो हमें कश्फी

इसे ख्याल से दिल को संभाल रख्खा है

147

बिछड़ के भी नहीं भूलेगा वो हमें कश्फी

इसे ख्याल से दिल को संभाल रख्खा है

मुझे लेके चलने वाले तुझे क्या पता नहीं है

मुझे लेकर चलने वाले तुझे क्या पता नहीं है

के वफा की इस डगर पर कोई चल सका नहीं

वो सुनेगा बात मेरी नहीं यह कोई ज़रूरी

मेरा हमनशि तो है वो मेरा हमनवा नहीं है

उसे याद करके रोना उसे याद करके हंसना

सिवा इसके मशग़ला अब कोई दूसरा नहीं है

मेरी जुस्तजू में हो तू मेरी आरज़ू में हो तू

मेरा बस यही मक़सद कोई दूसरा नहीं है

उसे याद करते-करते मैं भुला दूं खुद को कश्फी

सिवा इसके मेरा मंशा कोई दूसरा

तुम्हारे वास्ते बेहद दुआएं मांगी हैं

तुम्हारे वास्ते बेहद दुआएं मांगी है

तुम्हारे हिस्से की सारी बलाएं मांगी है

सजा के तौर पर आंखों को दे दिए आंसू

क़सूर इतना है हमने वफाएं मांगी है

तुम्हारे वास्ते खुशियों की ओढ़नी मांगी

और अपने वास्ते ग़म की क़बाए मांगी है

जुदा भी उससे रहूं दिल में भी रहूं उसके

वो अहल ए ज़र्फ़ रहे ये दुआएं मांगी है

हमने तुम्हारी याद को आंखों में रख दिया

उसने वजूद को मेरी बाहों में रख दिया

जैसे किसी ने फूल को कांटों में रख दिया

चोले शरीफ लोगों के तो सब ने पहन लिए

लेकिन शराफतों को रिवाजों में रख दिया

हालात थे ना उसका मुवाफिक़ मिज़ाज था

उसने इसीलिए मुझे ख्वाबों में रख दिया

दीदार की तलब को बुझाने के वास्ते

हमने तुम्हारी याद को आंखों में रख दिया

अब मेरी धड़कनों से उसे बैर हो गया

कश्फी जिसे ख़ूलूस से सांसों में रख दिया

152

अब मेरी धड़कनों से उसे बैर हो गया

कश्फी जिसे ख़ूलूस से सांसों में रख दिया

सियासी आदमी अपनों की तरह रहता है

हरीफ होके भी यारों की तरह रहता है

सियासी आदमी अपनों की तरह रहता है

गुज़ारता है जो ज़ुल्मत में ज़िंदगी अपनी

अंधेरे घर में भी तारों की तरह रहता है

तुम्हारी याद तो धड़कन की तरह रहती है

तुम्हारा ध्यान भी सांसो की तरह रहता है

लौट कर आ गया हूं अब घर को

तोड़कर सारे अजनबी रिश्ते

 लौट कर आ गया हूं अब घर को

तेरी धुन में है जागना अब तो

बांध कर रख दिया है बिस्तर को

लाज रख ले के मार दे ठोकर

तेरे क़दमों में रख दिया सर को

कोई अपना नहीं यहां कश्फी

आज़माया है मैंने अक्सर को

गिरते गिरते संभल ना बहुत है

गिरते गिरते संभल ना बहुत है

ठोकरें खा कर चलना बहुत है

दौड़ना मंजिलों के लिए क्या

इसतेक़ामत से चलना बहुत है

इश्क़ में क्या ज़रूरत ज़ुबां की

बस निगाहों का मिलना बहुत है

आंख से एक क़तरा भी आंसू

उसकी यादों में ढलना बहुत है

आ ही जाएगा जादू सुखन में

सिर्फ लहजा बदल ना बहुत है

156

आ ही जाएगा जादू सुखन में

सिर्फ लहजा बदल ना बहुत है

मेरी शोहरत से जलता बहुत है

उसको मंजिल भला क्या मिलेगी

वो इशारोंपरचलता बहुत है

वक़्त को जो ग़नीमत न जाने

हाथ रह रह के मलता बहुत है

हो अगर वक़्त की मेहरबानी

खोटा सिक्का भी चलता बहुत है

मुझ से मिलता है झुक कर बहुत जो

मेरी शोहरत से जलता बहुत है

शेरी महफिल है शायर से ग़ाफिल

हो गवैया तो चलता बहुत है

साफगोई जो अपनाऐ कश्फी

वह निगाहों में खलता बहुत है

आपकी मोहब्बत में दर्द की कमाई की बेचकर सभी खुशियां

आपकी मोहब्बत में दर्द की कमाई की बेचकर सभी खुशियां

आपके लिए हमने खुद से जो चुराई थी वह भी बिक गई घड़ियां

याद के बहाने तुम हो सके तो आ जाओ आंख में समा जाओ

इस तरह से मुमकिन है टूटने से बच जाए मेरे सांसों की कड़ियां

अपने भी सताते हैं खूब दिल दुखाते हैं खूब जुल्म ढाते हैं

ग़म के काले बादल से आसमां की छागल से बरसे अश्कों की लड़ियां

मेरे खूं में सांसों में ख्वाब में ख्यालों में और गीत ग़जलों मे

उनकी खुशबू है कश्फी उनके ही हवाले हैं और उन्हीं की है बतियां

नज़र को भाने वाले सब नज़ारे छीन लेता है

नज़र को भाने वाले सब नज़रे छीन लेता है

यह पैसा कहर है सारे सहारे छीन लेता है

मेरे अश्कों के क़तरे वो बड़े अनमोल कर देता

मेरी आंखों से टूटे जब सितारे छीन लेता है

मसीहा अपना रहबर भी समझती है जिसे दुनिया

वही भूखों के हाथों से निवाले छीन लेता है

गुनाहों की सियाही जब ज़माने भर पे छाती है

खुदा फिर अपनी रहमत के उजाले छीन लेता है

मुबारक हो तुम्ही को ये तुम्हारे प्यार का रिश्ता

अगर मां-बाप से कश्फी दुलारे छीन लेता है

161

मुबारक हो तुम्ही को ये तुम्हारे प्यार का रिश्ता

अगर मां-बाप से कश्फी दुलारे छीन लेता है

मैं सब कुछ भूल जाता हूं इबादत याद रहती है

मैं सब कुछ भूल जाता हूं इबादत याद रहती है

पराए देस में भी मां की सूरत याद रहती है

कहां मुझको कभी उसकी इनायत याद रहती है

मगर वह है जिसे मेरी ज़रूरत याद रहती है

हमेशा सच ही कहने की हमें मां ने नसीहत की

हमें दुश्मन के घेरे में सदाक़त याद रहती है

सुला के भूखा बच्चों को खिलाया हमने महेमां को

हमें तो मुफलिसी में भी सखावत याद रहती है

नेकी प्यारी बदी भी प्यारी है

नेकी प्यारी बदी भी प्यारी है

ये भी जारी है वह भी जारी है

दीन से दूर है मुसलमानी

अब मुसलमां को दुनिया प्यारी है

आदमी को नचाता है कितना

दिल भी जैसे कोई मदारी है

ये शराफत है कुछ शिकस्त नहीं

हमने अपनों से जंग हारी है

काम हो तो सलाम आते हैं

अब सलामी भी कारोबारी है

कश्फ़ी क्या क़ीमती घड़ी थी वह

उसकी यादों में जो गुज़ारी है

उसने कहा के हिज्र का अंजाम लिख के देख

उसने कहा कि हिज्र का अंजाम लिख के देख

इतनी शक ना हो तो मेरा नाम लिख के देख

चोरी के इश्क़ में किसे कब फायदा हुआ

इज़हार ए इश्क़ अपना सर ए आम लिख के देख

नाकाम हसरतों की तसल्ली के वास्ते

हर कामयाब शख्स को नाकाम लिख के देख

आजाएगा क़रार दिल ए बेक़रार को

साथ अपने नाम के तू मेरा नाम लिख के देख

अपनी हद से गुज़र गए रिश्ते

अपनी हद से गुज़र गए रिश्ते

ऐसा लगता है मर गए रिश्ते

राज करते थे जो सदा दिल पर

वो भी दिल से उतर गए रिश्ते

मुझ को घर से निकालकर कश्फी

तब कहीं अपने घर गए रिश्ते

तेरी धुन में कहां तक आ गया हूं

तेरी धुन में कहांतक आ गया

न था मुमकिन जहां तक आ गया हूं

करम उसका नहीं मुझ पर तो क्या है

ज़मीं से आसमां तक आ गया हूं

उलझन कर मैं किसी की जुस्तजू में

हक़ीक़त से गुमां तक आ गया

था जिस पर बार मेरा नाम सुनना

मैं उसकी ही ज़ुबां तक आ गया

उसे पाने की अनथक कोशिशों में

मैं कश्फी नज़र ए जां तक आ गया

उलझ कर मसाइब मे जी कर रहा

उलझ कर मसाइब में जी कर रहा

तेरे साथ जब भी मैं पल भर रहा

बिठाए थे ज़हनो पे पैहरे बहुत

 तेरा ध्यान था आखिर आ कर रहा

तेरा हाथ जब तक रहा हाथ में

तो ग़ालीब में दुनिया में सब पर रहा

है दरअसल कश्फी बुलंदी यही

के छुकर फलक तू ज़मीं पर रहा

जो खुद से मुझको छुपा रहे हो मैं छूप न पाया तो क्या करोगे

जो खुदसे मुझको छुपा रहे हो मैं छूप न पाया तो क्या करोगे

के गुफ्तगू में किसी बहाने जुबां पे आया तो क्या करोगे

जो आशिक़ से डरा रहे हो मुझीको मुझ से लड़ा रहे हो

तुम्हारे दिल में ये जज़्ब ए शौक़ उभर के आया तो क्या करोगे

जिसे तुम अपना समझ रहे हो वो जिसकी खातिर उलझ रहे हो

"उसीसे तुमने अगर किसी दिन फरेब खाया तो क्या करोगे"

सुकून पाने की चाह में तुम मुझी को बेचैन कर रहे हो

जो छीन कर भी सुकून मेरा सुकूं न पाया तो क्या करोगे

हसीन लम्हों की याद आई तो मेरी आंखों से अश्क टपके

बताओ कश्फी जो दामन ए दिल न सुख पाया तो क्या करोगे

हसीन लम्हों की याद आई तो मेरी आंखों से अश्क टपके

बताओ कश्फी जो दामन ए दिल न सुख पाया तो क्या करोगे

बोल दे सच छुपा हुआ सबसे

बोल दे सच छुपा हुआ सबसे

छूप ना जाए कहीं खरा सबसे

उसकी बातों में जैसे जादू है

उसका लहजा भी है जुदा सबसे

आदमी का वकाऱ घटता है

हद से बढ़ती है जब अना सबसे

हम कहां गुफ्तगू के कायल थे

तेरी खातिर कहा सुना सबसे

सुनते हैं कह रहा है सच कश्फी

हो न जाए कहीं बुरा सबसे

कभी अकेले में अपने से खुद मिला जाए

मुहासेबा है ज़रूरी बहुत किया जाए

कभी अकेले में अपने से खुद मिला जाए

सब अपने आप को पत्थर बना कर जीते हैं

यही है जीने की सूरत चलो जिया जाए

हर एक आगया जाह व जलाल की ज़द में

खुद अपने आप से कैसे भला बचा जाए

हज़र ग़म के मुक़ाबिल में एक ही खुशी

खुदा ये कैसा तनासुब है क्या किया जाए

ये जान उसकी है कश्फी ये माल उसका है

तो फिर बताओ भला डर के क्यों किया जाए

ये जान उसकी है कश्फी ये माल उसका है

तो फिर बताओ भला डर के क्यों किया जाए

मेरे ग़मों का मलाल मत कर

मेरे ग़मों का मलाल मत कर

तू अपना जीना मुहाल मत कर

ग़म व लम का हूं एक समंदर

मेरा कोई तो है खयाल मत कर

तू अपनी नज़रों में गिर न जाए

किसी से भी अर्ज़ ए हाल मत कर

तुझे यक़ीनन मिलेगी जन्नत

हराम खुद पर हलाल मत कर

मिलेगी रोज़ी तुझे भी कश्फी

खुदा खुदा कर सवाल मत कर

177

मिलेगी रोज़ी तुझे भी कश्फी

खुदा खुदा कर सवाल मत कर

मेरी कीमत बढ़ाना चाहत है

मेरी की़मत बढ़ाना चाहता है

कोई अपना बनाना चाहता है

घड़ी भर देख लूं मां बाप को मैं

मेरा दिल हज को जाना चाहता है

वो पल दो पल गुज़ारे साथ मेरे

दिल-ए-नादां बहाना चाहता है

यूं ही झुक कर नहीं मिलता वो सबसे

सुना है चुन के आना चाहता है

मेरा भाई खफा मुझसे बहुत है

न जाने क्यों रुलाना चाहता है

मैं उसके सामने रोता रहूंगा

अगर वो मुस्कुराना चाहता है

खुदा बाक़ी रखेगा हमको कश्फी

ज़माना तो मिटाना चाहता है

नफस एक एक महकता जा रहा है

नफस एक एक महकता जा रहा है

कोई मुझ में उतरता जा रहा है

जिसे भी देखिए शहर ए वफ़ा में

तेरा ही नाम जपता जा रहा है

जिसे दिल का मकीं मैंने बनाया

वो सांसों से उलझता जा रहा है

ज़रूरत से ज़्यादा की तमा मे

जो कुछ है वो भी खोता जा रहा है

तुम्हारे ज़िक्र से मेरा तकल्लुम

निखरता ही निखरता जा रहा है

मेरे शरों में वो जज़्बात बनकर

उभरता ही उभरता जा रहा है

पज़ीराइ यही काफी है कश्फी

कोई शेरों को लिखता जा रहा है

कौन दीवाना है जो सोएगा दीदार के बाद

तिष्णगी और बड़ी सुबह के आसार के बाद

कौन दीवाना है जो सोएगा दीदार के बाद

वादा करते हैं अगर हम तो मुकरते ही नहीं

लोग इनकार भी कर देते हैं इक़रार के बाद

जब भी दो भाइयों के दिल हुए टुकड़े टुकड़े

घर में दीवार उठी फिर नई दीवार के बाद

अब मोहब्बत में कहां टूट के मिलता है कोई

वस्ल आज़ार बना हिज्र के आजार के बाद

वो जो सुनता था मोहब्बत भरी बातें मेरी

उस पे अब बार है आवाज़ भी गुफतार के बाद

का़बिल ए दाद है कश्फी ये बुलंद अखलाकी

बात भी करते हैं हंसते भी हैं तक़रार के बाद